Impressum
Verlag: BABADADA GmbH, Nedderfeld 112 , 22529 Hamburg
Geschäftsführer / Verlagsleitung: Harald Hof
Druck: Books on Demand GmbH, In de Tarpen 42, 22848 Norderstedt

Imprint
Publisher: BABADADA GmbH, Nedderfeld 112 , 22529 Hamburg, Germany
Managing Director / Publishing direction: Harald Hof
Print: Books on Demand GmbH, In de Tarpen 42, 22848 Norderstedt

das Klassenzimmer
教室

dividieren
除

186/2

die Tafel
黑板

der Schulhof
校園

der Lehrer
老師

das Papier
紙

schreiben
書寫

der Stift
筆

der Schreibtisch
辦公桌

das Lineal
直尺

das Buch
書

die Schüler
學生

der Ranzen

書包

die Federmappe

鉛筆盒

der Bleistift

鉛筆

der Bleistiftanspitzer

削鉛筆機

das Radiergummi

橡皮擦

der Zeichenblock

畫板

die Zeichnung

圖畫

der Pinsel

畫筆

der Malkasten

顏料盒

die Schere

剪刀

der Klebstoff

膠水

das Übungsheft

練習冊

die Hausaufgabe

家庭作業

die Zahl

數字

addieren

加

subtrahieren

減

multiplizieren

乘

rechnen

計算

der Buchstabe

字母

das Alphabet

字母表

das Wort

字

der Text

課文

lesen

讀

die Kreide

粉筆

die Stunde

上課

das Klassenbuch

登記

die Prüfung

考試

das Zeugnis

證書

die Schuluniform

校服

die Ausbildung

教育

das Lexikon

百科全書

die Universität

大學

das Mikroskop

顯微鏡

die Karte

地圖

der Papierkorb

廢紙簍

das Hotel
飯店

die Herberge
青年旅社

die Wechselstube
外幣兌換處

der Koffer
手提箱

das Auto
汽車

die Sprache
語言

ja / nein
是/否

Okay
好的

Hallo
您好

der Übersetzer
翻譯人員

Danke
謝謝

Was kostet…?

……多少錢？

Ich verstehe nicht

我不明白

das Problem

問題

Guten Abend!

晚上好！

Guten Morgen!

早上好！

Gute Nacht!

晚安！

Auf Wiedersehen

再見

die Richtung

方向

das Gepäck

行李

die Tasche

包

der Rucksack

背包

der Gast

客人

das Zimmer

房間

der Schlafsack

睡袋

das Zelt

帳篷

die Touristeninformation

旅行資訊

der Strand

海灘

die Kreditkarte

信用卡

das Frühstück

早餐

das Mittagessen

午餐

das Abendessen

晚餐

die Fahrkarte

票

der Fahrstuhl

電梯

die Briefmarke

郵票

die Grenze

邊界

der Zoll

海關

die Botschaft

大使館

das Visum

簽證

der Pass

護照

das Flugzeug
飛機

das Schiff
船

das Feuerwehrauto
消防車

der Bus
公車

der Lastwagen
卡車

das Motorboot
汽艇

das Auto
汽車

das Fahrrad
腳踏車

die Fähre
渡輪

das Boot
小船

das Motorrad
機車

das Polizeiauto
警車

das Rennauto
賽車

der Mietwagen
租車

das Carsharing

拼車

der Abschleppwagen

拖車

das Müllauto

垃圾車

der Motor

馬達

der Kraftstoff

汽油

die Tankstelle

加油站

das Verkehrsschild

交通標識

der Verkehr

交通

der Stau

交通堵塞

der Parkplatz

停車場

der Bahnhof

火車站

die Schienen

軌道

der Zug

火車

die Straßenbahn

路面電車

der Wagon

客車廂

der Helikopter

直升機

der Flughafen

機場

der Tower

塔

der Passagier

乘客

der Container

集裝箱

der Karton

紙板箱

der Karren

手推車

der Korb

籃子

starten / landen

起飛/降落

die Stadt

城市

das Dorf

村莊

das Stadtzentrum

市中心

das Haus

房子

das Kino 電影院

die Werbung 廣告

die Straßenlaterne 路燈

die Straße 街道

das Taxi 計程車

der Kiosk 小吃店

CINEMA

der Fußgänger 行人

der Bürgersteig 人行道

der Zebrastreifen 斑馬線

die Mülltonne 垃圾箱

die Kreuzung 十字路口

die Ampel 紅綠燈

die Hütte

小屋

die Wohnung

公寓

der Bahnhof

火車站

das Rathaus

市政廳

das Museum

博物館

die Schule

學校

die Universität

大學

die Bank

銀行

das Krankenhaus

醫院

das Hotel

飯店

die Apotheke

藥房

das Büro

辦公室

die Buchhandlung

書店

das Geschäft

商店

der Blumenladen

花店

der Supermarkt

超市

der Markt

市場

das Kaufhaus

百貨商店

der Fischhändler

魚店

das Einkaufszentrum

購物中心

der Hafen

海港

der Park

公園

die Bank

長凳

die Brücke

橋

die Treppe

樓梯

die U-Bahn

捷運

der Tunnel

隧道

die Bushaltestelle

公車站

die Bar

酒吧

das Restaurant

餐館

der Briefkasten

郵筒

das Straßenschild

路標

die Parkuhr

停車計時器

der Zoo

動物園

die Badeanstalt

游泳池

die Moschee

清真寺

der Bauernhof

農場

die Umweltverschmutzung

污染

der Friedhof

墓地

die Kirche

教堂

der Spielplatz

操場

der Tempel

寺廟

die Landschaft

地形

das Blatt
樹葉

der Wegweiser
指示牌

der Weg
路

die Wiese
草地

der Stein
石頭

der Baum
樹

der Wanderer
徒步旅行者

der Fluss
河

das Gras
草

die Blume
花

das Tal

峽谷

der Berg

丘陵

der See

湖

der Wald

森林

die Wüste

沙漠

der Vulkan

火山

das Schloss

城堡

der Regenbogen

彩虹

der Pilz

蘑菇

die Palme

棕櫚樹

der Moskito

蚊子

die Fliege

蒼蠅

die Ameise

螞蟻

die Biene

蜜蜂

die Spinne

蜘蛛

die Landschaft - 地形

der Käfer

甲蟲

der Frosch

青蛙

das Eichhörnchen

松鼠

der Igel

刺蝟

der Hase

野兔

die Eule

貓頭鷹

die Vogel

鳥

der Schwan

天鵝

das Wildschwein

野豬

der Hirsch

鹿

der Elch

麋鹿

der Staudamm

水壩

das Windrad

風力發電機

das Solarmodul

太陽能電池板

das Klima

氣候

der Kellner
服務生

die Speisekarte
菜譜

der Stuhl
椅子

die Suppe
湯

die Pizza
披薩餅

das Besteck
餐具

die Tischdecke
桌布

die Vorspeise

前菜

das Hauptgericht

主菜

die Nachspeise

甜點

die Getränke

飲料

das Essen

食物

die Flasche

瓶子

das Fastfood

速食

das Streetfood

街邊小吃

die Teekanne

茶壺

die Zuckerdose

糖盒

die Portion

一份飯菜

die Espressomaschine

義式咖啡機

der Hochstuhl

高腳椅

die Rechnung

帳單

das Tablett

托盤

das Messer

刀

die Gabel

餐叉

der Löffel

勺子

der Teelöffel

茶匙

die Serviette

餐巾

das Glas

玻璃杯

der Teller

碟子

der Suppenteller

湯盤

die Untertasse

碟子

die Sauce

醬

der Salzstreuer

鹽瓶

die Pfeffermühle

胡椒研磨罐

der Essig

醋

das Öl

食用油

die Gewürze

調味料

das Ketchup

番茄醬

der Senf

芥末

die Mayonnaise

美乃滋

das Angebot
特價

der Kunde
顧客

die Milchprodukte
乳製品

das Obst
水果

der Einkaufswagen
購物車

die Schlachterei

肉鋪

die Bäckerei

麵包店

wiegen

稱重

das Gemüse

蔬菜

das Fleisch

肉

die Tiefkühlkost

冷凍食品

der Aufschnitt

冷盤

die Konserven

罐頭食品

das Waschmittel

洗衣粉

die Süßigkeiten

甜食

die Haushaltsartikel

日用品

das Reinigungsmittel

清潔用品

die Verkäuferin

銷售員

die Kasse

收銀機

der Kassierer

收銀員

die Einkaufsliste

購物清單

die Öffnungszeiten

開放時間

die Brieftasche

錢包

die Kreditkarte

信用卡

die Tasche

袋子

die Plastiktüte

塑膠袋

die Getränke

飲料

das Wasser

水

der Saft

果汁

die Milch

牛奶

die Cola

可樂

der Wein

紅酒

das Bier

啤酒

der Alkohol

酒

der Kakao

可可

der Tee

茶

der Kaffee

咖啡

der Espresso

義式濃縮咖啡

der Cappuccino

卡布奇諾

die Banane

香蕉

der Apfel

蘋果

die Orange

柳丁

die Melone

西瓜

die Zitrone

檸檬

die Karotte

胡蘿蔔

der Knoblauch

大蒜

der Bambus

竹子

die Zwiebel

洋蔥

der Pilz

蘑菇

die Nüsse

堅果

die Nudeln

麵條

die Spaghetti

義大利麵

der Reis

米飯

der Salat

沙拉

die Pommes frites

薯條

die Bratkartoffeln

炸馬鈴薯

die Pizza

披薩餅

der Hamburger

漢堡

das Sandwich

三明治

das Schnitzel

炸豬排

der Schinken

火腿

die Salami

義大利臘腸

die Wurst

香腸

das Huhn

雞肉

der Braten

烤肉

der Fisch

魚

die Haferflocken

燕麥片

das Müsli

木斯里

die Cornflakes

玉米片

das Mehl

麵粉

das Croissant

牛角麵包

das Brötchen

麵包捲

das Brot

麵包

der Toast

吐司

die Kekse

餅乾

die Butter

奶油

der Quark

凝乳

der Kuchen

蛋糕

das Ei

蛋

das Spiegelei

煎蛋

der Käse

起司

die Eiscreme

冰淇淋

der Zucker

糖

der Honig

蜂蜜

die Marmelade

果醬

die Nougat-Creme

巧克力醬

das Curry

咖哩

das Bauernhaus
農舍

der Strohballen
稻草捆

die Scheune
糧倉

das Feld
田野

das Pferd
馬

der Anhänger
拖車

der Traktor
拖拉機

das Fohlen
馬駒

der Esel
驢

das Schaf
羊

das Lamm
羔羊

die Ziege
山羊

die Kuh
奶牛

das Kalb
小牛

das Schwein
豬

das Ferkel
小豬

der Bulle
公牛

die Gans
鵝

die Ente
鴨

das Küken
小雞

das Huhn
母雞

der Hahn
公雞

die Ratte
鼠

die Katze
貓

die Maus
老鼠

der Ochse
牛

der Hund
狗

die Hundehütte
狗屋

der Gartenschlauch
花園澆水軟管

die Gießkanne
澆水壺

die Sense
長柄大鐮刀

der Pflug
犁

die Sichel

鐮刀

die Hacke

鋤頭

die Mistgabel

長柄草耙

die Axt

斧頭

die Schubkarre

獨輪手推車

der Trog

飼料槽

die Milchkanne

牛奶罐

der Sack

麻布袋

der Zaun

柵欄

der Stall

馬廄

das Treibhaus

溫室

der Boden

土壤

die Saat

種子

der Dünger

肥料

der Mähdrescher

聯合收割機

ernten

收割

die Ernte

收割

die Yamswurzel

地瓜

der Weizen

小麥

das Soja

大豆

die Kartoffel

土豆

der Mais

玉米

der Raps

油菜籽

der Obstbaum

果樹

der Maniok

樹薯

das Getreide

穀物

der Schornstein
煙囪

das Dach
屋頂

die Regenrinne
落水管

das Fenster
窗戶

die Garage
車庫

die Klingel
門鈴

die Tür
門

der Mülleimer
垃圾桶

der Briefkasten
信箱

der Garten
花園

das Wohnzimmer

客廳

das Badezimmer

浴室

die Küche

廚房

das Schlafzimmer

臥室

das Kinderzimmer

兒童房

das Esszimmer

餐廳

der Boden
地板

die Wand
牆壁

die Decke
天花板

der Keller
地窖

die Sauna
三溫暖

der Balkon
陽臺

die Terrasse
露臺

das Schwimmbad
游泳池

der Rasenmäher
割草機

der Bettbezug
被單

die Bettdecke
床罩

das Bett
床

der Besen
掃帚

der Eimer
水桶

der Schalter
開關

die Tapete
壁紙

das Bild
相片

die Lampe
檯燈

das Regal
擱架

der Schrank
櫥櫃

der Kamin
壁爐

der Fernseher
電視

die Blume
花

das Kissen
墊子

das Sofa
沙發

die Vase
花瓶

die Fernbedienung
遙控器

der Teppich

地毯

der Vorhang

窗簾

der Tisch

餐桌

der Stuhl

椅子

der Schaukelstuhl

搖椅

der Sessel

扶手椅

das Buch

書

die Decke

毯子

die Dekoration

裝飾品

das Feuerholz

木柴

der Film

電影

die Stereoanlage

高傳真音響

der Schlüssel

鑰匙

die Zeitung

報紙

das Gemälde

油畫

das Poster

海報

das Radio

收音機

der Notizblock

筆記本

der Staubsauger

吸塵器

der Kaktus

仙人掌

die Kerze

蠟燭

der Kühlschrank
冰箱

die Mikrowelle
微波爐

die Küchenwaage
廚房秤

der Toaster
烤麵包機

das Reinigungsmittel
洗潔精

der Backofen
烤箱

das Gefrierfach
冰櫃

der Mülleimer
垃圾桶

der Geschirrspüler
洗碗機

der Herd

炊具

der Topf

鍋

der Eisentopf

鑄鐵鍋

der Wok / Kadai

炒鍋

die Pfanne

平底鍋

der Wasserkocher

水壺

der Dampfgarer

蒸鍋

das Backblech

烤盤

das Geschirr

陶瓷鍋

der Becher

馬克杯

die Schale

碗

die Essstäbchen

筷子

die Suppenkelle

長柄勺

der Pfannenwender

鏟子

der Schneebesen

攪拌器

das Kochsieb

濾網

das Sieb

篩子

die Reibe

磨碎機

der Mörser

研缽

der Grill

燒烤

die Feuerstelle

明火

das Schneidebrett

菜板

das Nudelholz

擀麵杖

der Korkenzieher

開瓶器

die Dose

罐子

der Dosenöffner

開罐器

der Topflappen

隔熱手套

das Waschbecken

水槽

die Bürste

刷子

der Schwamm

海綿

der Mixer

攪拌機

die Gefriertruhe

冷藏箱

die Babyflasche

奶瓶

der Wasserhahn

水龍頭

die Heizung
供暖裝置

die Dusche
淋浴

das Handtuch
毛巾

der Duschvorhang
浴簾

das Schaumbad
泡沫浴

die Badewanne
浴缸

das Glas
玻璃杯

die Waschmaschine
洗衣機

der Wasserhahn
水龍頭

die Fliesen
瓷磚

das Töpfchen
便壺

das Waschbecken
水槽

die Toilette

廁所

die Hocktoilette

蹲便器

das Bidet

坐浴器

das Pissoir

小便斗

das Toilettenpapier

廁紙

die Toilettenbürste

馬桶刷

die Zahnbürste

牙刷

die Zahnpasta

牙膏

die Zahnseide

牙線

waschen

洗

die Handbrause

手持式蓮蓬頭

die Intimdusche

沖洗器

die Waschschüssel

洗臉盆

die Rückenbürste

洗背刷

die Seife

肥皂

das Duschgel

沐浴露

das Shampoo

洗髮乳

der Waschlappen

法蘭絨

der Abfluss

排水

die Creme

乳霜

das Deodorant

除臭劑

der Spiegel

鏡子

der Kosmetikspiegel

手鏡

der Rasierer

刮鬍刀

der Rasierschaum

刮鬍泡沫

das Rasierwasser

鬚後水

der Kamm

梳子

die Bürste

刷子

der Föhn

吹風機

das Haarspray

噴髮定型劑

das Makeup

化妝品

der Lippenstift

唇膏

der Nagellack

指甲油

die Watte

化妝棉

die Nagelschere

指甲剪

das Parfum

香水

das Badezimmer - 浴室

der Kulturbeutel

洗漱包

der Hocker

凳子

die Waage

計重秤

der Bademantel

浴袍

die Gummihandschuhe

橡膠手套

das Tampon

衛生棉條

die Damenbinde

衛生棉

die Chemietoilette

化學廁所

der Wecker
鬧鐘

das Kuscheltier
毛絨玩具

das Spielzeugauto
玩具車

die Rassel
撥浪鼓

das Puppenhaus
玩具屋

das Geschenk
禮物

der Ballon

氣球

das Bett

床

der Kinderwagen

嬰兒車

das Kartenspiel

撲克牌

das Puzzle

拼圖

der Comic

漫畫

die Legosteine

樂高積木

die Bausteine

積木玩具

die Action Figur

公仔

der Strampelanzug

嬰兒服

das Frisbee

飛盤

das Mobile

床鈴玩具

das Brettspiel

棋盤遊戲

der Würfel

骰子

die Modelleisenbahn

火車模型

der Schnuller

安撫奶嘴

die Party

派對

das Bilderbuch

繪本

der Ball

球

die Puppe

洋娃娃

spielen

玩

der Sandkasten

沙坑

die Schaukel

鞦韆

das Spielzeug

玩具

die Spielkonsole

電玩遊戲

das Dreirad

三輪車

der Teddy

泰迪熊

der Kleiderschrank

衣櫃

die Kleidung

衣服

die Socken

襪子

die Strümpfe

長襪

die Strumpfhose

緊身褲

der Schal
圍巾

der Regenschirm
雨傘

das T-Shirt
T恤

der Gürtel
皮帶

der Stiefel
靴子

die Hausschuhe
拖鞋

die Turnschuhe
運動鞋

die Sandalen
涼鞋

die Schuhe
鞋

die Gummistiefel
雨靴

die Unterhose
內褲

der Büstenhalter
胸罩

das Unterhemd
背心

die Kleidung - 衣服

der Body

身體

die Hose

褲子

die Jeans

牛仔褲

der Rock

短裙

die Bluse

女式襯衫

das Hemd

襯衫

der Pullover

套頭衫

der Kapuzenpullover

連帽上衣

der Blazer

西裝夾克

die Jacke

夾克

der Mantel

外套

der Regenmantel

雨衣

das Kostüm

套裝

das Kleid

連衣裙

das Hochzeitskleid

婚紗

der Anzug

西裝

das Nachthemd

睡袍

der Schlafanzug

睡衣

der Sari

莎麗

das Kopftuch

頭巾

der Turban

包頭巾

die Burka

波卡

der Kaftan

卡夫坦

die Abaya

(阿拉伯式)長袍

der Badeanzug

泳衣

die Badehose

男式泳褲

die kurze Hose

短褲

der Trainingsanzug

運動服

die Schürze

圍裙

die Handschuhe

手套

der Knopf

鈕扣

die Brille

眼鏡

das Armband

手鏈

die Halskette

項鍊

der Ring

戒指

der Ohrring

耳環

die Mütze

便帽

der Kleiderbügel

衣架

der Hut

帽子

die Krawatte

領帶

der Reißverschluss

拉鍊

der Helm

安全帽

der Hosenträger

背帶

die Schuluniform

校服

die Uniform

制服

das Lätzchen

圍兜

der Schnuller

安撫奶嘴

die Windel

尿布

das Büro
辦公室

der Server
伺服器

der Aktenschrank
檔案櫃

der Drucker
印表機

das Papier
紙

der Monitor
螢幕

der Schreibtisch
辦公桌

die Maus
滑鼠

der Ordner
資料夾

die Tastatur
鍵盤

der Papierkorb
廢紙簍

der Computer
電腦

der Stuhl
椅子

der Kaffeebecher

咖啡杯

der Taschenrechner

計算機

das Internet

網際網路

der Laptop

筆記型電腦

der Brief

信件

die Nachricht

簡訊

das Handy

行動電話

das Netzwerk

網路

der Kopierer

影印機

die Software

軟體

das Telefon

電話

die Steckdose

插座

das Fax

傳真機

das Formular

表格

das Dokument

檔案

kaufen

買

bezahlen

付錢

handeln

交易

das Geld

現金

der Dollar

美元

der Euro

歐元

der Yen

日元

der Rubel

盧布

der Franken

瑞士法郎

der Renminbi Yuan

人民幣

die Rupie

盧比

der Geldautomat

提款處

die Wechselstube

外幣兌換處

das Gold

金

das Silber

銀

das Öl

石油

die Energie

能源

der Preis

價格

der Vertrag

合約

die Steuer

稅金

die Aktie

股票

arbeiten

工作

der Angestellte

職員

der Arbeitgeber

老闆

die Fabrik

工廠

das Geschäft

商店

der Polizist
警官

der Feuerwehrmann
消防員

der Koch
廚師

der Arzt
醫師

der Pilot
飛行員

der Gärtner

園丁

der Tischler

木匠

die Näherin

裁縫

der Richter

法官

der Chemiker

化學家

der Schauspieler

演員

der Busfahrer

公車司機

der Taxifahrer

計程車司機

der Fischer

漁夫

die Putzfrau

清洗女工

der Dachdecker

屋頂工

der Kellner

服務生

der Jäger

獵人

der Maler

畫家

der Bäcker

麵包師

der Elektriker

電工

der Bauarbeiter

建築工人

der Ingenieur

工程師

der Schlachter

屠夫

der Klempner

水管工

der Postbote

郵差

der Soldat

士兵

der Architekt

建築師

der Kassierer

收銀員

der Florist

花農

der Friseur

理髮師

der Schaffner

售票員

der Mechaniker

機械技師

der Kapitän

船長

der Zahnarzt

牙醫

der Wissenschaftler

科學家

der Rabbi

拉比

der Imam

伊瑪目

der Mönch

和尚

der Geistliche

牧師

der Hammer
鐵錘

die Zange
鉗子

der Schraubendreher
螺絲起子

der Schraubenschlüssel
扳手

die Taschenlam
手電筒

der Bagger
挖掘機

der Werkzeugkasten
工具箱

der Leiter
梯子

die Säge
鋸子

die Nägel
釘子

der Bohrer
鑽機

reparieren

修

die Schaufel

鏟子

Mist!

糟糕！

das Kehrblech

畚箕

der Farbtopf

油漆桶

die Schrauben

螺絲

die Musikinstrumente

樂器

das Schlagzeug
打擊樂器

der Lautsprecher
揚聲器

die Gitarre
吉他

der Kontrabass
低音提琴

die Trompete
小號

das Klavier

鋼琴

die Violine

小提琴

der Bass

貝斯

die Pauke

定音鼓

die Trommeln

鼓

das Keyboard

電子琴

das Saxophon

薩克斯風

die Flöte

長笛

das Mikrofon

麥克風

der Eingang
入口

der Tiger
老虎

der Käfig
籠子

das Zebra
斑馬

das Tierfutter
動物飼料

der Panda
熊貓

die Tiere

動物

der Elefant

大象

das Känguruh

袋鼠

das Nashorn

犀牛

der Gorilla

大猩猩

der Bär

熊

das Kamel

駱駝

der Strauß

鴕鳥

der Löwe

獅子

der Affe

猴子

der Flamingo

紅鶴

der Papagei

鸚鵡

der Eisbär

北極熊

der Pinguin

企鵝

der Hai

鯊魚

der Pfau

孔雀

die Schlange

蛇

das Krokodil

鱷魚

der Zoowärter

動物園管理員

die Robbe

海豹

der Jaguar

美洲豹

das Pony

矮種馬

der Leopard

豹

das Nilpferd

河馬

die Giraffe

長頸鹿

der Adler

老鷹

das Wildschwein

野豬

der Fisch

魚

die Schildkröte

龜

das Walross

海象

der Fuchs

狐狸

die Gazelle

羚羊

das American Football
橄欖球

das Radfahren
騎腳踏車

das Tennis
網球

der Basketball
籃球

das Schwimmen
游泳

das Eishockey
冰球

das Boxen
拳擊

der Fußball
美式足球

das Badminton
羽毛球

die Leichtathletik
田徑

der Handball
手球

das Skilaufen
滑雪

das Polo
馬球

springen
跳

lachen
笑

umarmen
擁抱

gehen
走路

singen
唱

träumen
做夢

beten
祈禱

küssen
親吻

schreiben
書寫

zeichnen
畫

zeigen
展示

drücken
推

geben
給

nehmen
拿

haben
有

tun
做

sein
當

stehen
站

laufen
跑

ziehen
拉

werfen
丟

fallen
摔倒

liegen
躺

warten
等待

tragen
攜帶

sitzen
坐

anziehen
穿衣

schlafen
睡覺

aufwachen
醒來

ansehen

看

weinen

哭

streicheln

擊

kämmen

梳頭

reden

交談

verstehen

明白

fragen

問

hören

聽

trinken

喝

essen

吃

aufräumen

清理

lieben

愛

kochen

做飯

fahren

開車

fliegen

飛

segeln

航行

rechnen

計算

lesen

讀

lernen

學習

arbeiten

工作

heiraten

結婚

nähen

縫

Zähne putzen

刷牙

töten

殺

rauchen

抽菸

senden

寄

die Großmutter
祖母

der Großvater
祖父

der Vater
父親

die Mutter
母親

das Baby
嬰兒

die Tochter
女兒

der Sohn
兒子

der Gast
客人

die Tante
阿姨

der Onkel
叔叔

der Bruder
兄弟

die Schwester
姐妹

die Stirn
前額

das Auge
眼睛

die Schulter
肩膀

der Finger
手指

das Gesicht
臉

das Kinn
下巴

die Hand
手

die Brust
乳房

das Bein
腿

der Arm
手臂

das Baby

嬰兒

der Mann

男人

die Frau

女人

das Mädchen

女孩

der Junge

男孩

der Kopf

頭

der Rücken

背部

der Bauch

肚子

der Nabel

肚臍

der Zeh

腳趾

die Ferse

腳後跟

der Knochen

骨頭

die Hüfte

臀部

das Knie

膝蓋

der Ellenbogen

手肘

die Nase

鼻子

das Gesäß

屁股

die Haut

皮膚

die Wange

臉頰

das Ohr

耳朵

die Lippe

嘴唇

der Mund
嘴

der Zahn
牙齒

die Zunge
舌頭

das Gehirn
腦

das Herz
心臟

der Muskel
肌肉

die Lunge
肺

die Leber
肝臟

der Magen
胃

die Nieren
腎臟

der Geschlechtsverkehr
性交

das Kondom
保險套

die Eizelle
卵子

das Sperma
精子

die Schwangerschaft
懷孕

die Menstruation

月事

die Vagina

陰道

der Penis

陰莖

die Augenbraue

眉毛

das Haar

頭髮

der Hals

脖子

das Krankenhaus
醫院

der Krankenwagen
急救車

der Rollstuhl
輪椅

der Bruch
骨折

der Arzt

醫師

die Notaufnahme

急診室

die Krankenschwester

護理師

der Notfall

緊急情形

ohnmächtig

昏迷

der Schmerz

痛

die Verletzung
受傷

die Blutung
出血

der Herzinfarkt
心臟病發作

der Schlaganfall
中風

die Allergie
過敏

der Husten
咳嗽

das Fieber
發燒

die Grippe
流感

der Durchfall
腹瀉

die Kopfschmerzen
頭痛

der Krebs
癌症

die Diabetis
糖尿病

der Chirurg
外科醫師

das Skalpell
手術刀

die Operation
手術

das CT

電腦斷層掃描

das Röntgen

X光

das Ultraschall

超音波

die Maske

口罩

die Krankheit

疾病

das Wartezimmer

候診室

die Krücke

拐杖

das Pflaster

石膏

der Verband

繃帶

die Injektion

注射

das Stethoskop

聽診器

die Trage

擔架

das Thermometer

體溫計

die Geburt

出生

das Übergewicht

超重

das Hörgerät

助聽器

das Desinfektionsmittel

消毒液

die Infektion

感染

das Virus

病毒

das HIV / AIDS

愛滋病

die Medizin

藥物

die Impfung

接種疫苗

die Tabletten

藥片

die Pille

藥丸

der Notruf

急救電話

das Blutdruck-Messgerät

血壓計

krank / gesund

生病/健康

Hilfe!

救命！

der Alarm

警報

der Überfall

突擊

der Angriff

攻擊

die Gefahr

危險

der Notausgang

緊急出口

Feuer!

失火了！

der Feuerlöscher

滅火器

der Unfall

意外

der Erste-Hilfe-Koffer

急救箱

SOS

呼救訊號

die Polizei

員警

das Europa

歐洲

das Nordamerika

北美洲

das Südamerika

南美洲

das Afrika

非洲

das Asien

亞洲

das Australien

澳洲

der Atlantik

大西洋

der Pazifik

太平洋

der Indische Ozean

印度洋

der Antarktische Ozean

南冰洋

der Arktische Ozean

北冰洋

der Nordpol

北極

der Südpol

南極

die Antarktis

南極洲

die Erde

地球

das Land

陸地

das Meer

海

die Insel

島

die Nation

國家

der Staat

州

das Zifferblatt

錶盤

der Stundenzeiger

時針

der Minutenzeiger

分針

der Sekundenzeiger

秒針

Wie spät ist es?

現在幾點？

der Tag

天

die Zeit

時間

jetzt

現在

die Digitaluhr

電子錶

die Minute

分

die Stunde

時

der Montag
週一

der Mittwoch
週三

der Freitag
週五

der Dienstag
週二

der Donnerstag
週四

der Samstag
週六

der Sonntag
週日

gestern

昨天

heute

今天

morgen

明天

der Morgen

早晨

der Mittag

中午

der Abend

晚上

die Arbeitstage

工作日

das Wochenende

週末

der Regen
雨

der Regenbogen
彩虹

der Schnee
雪

der Wind
風

der Frühling
春

der Herbst
秋

der Sommer
夏

der Winter
冬

die Wettervorhersage

天氣預告

das Thermometer

溫度計

der Sonnenschein

陽光

die Wolke

雲

der Nebel

霧

die Luftfeuchtigkeit

潮濕

der Blitz

閃電

der Donner

打雷

der Sturm

風暴

der Hagel

冰雹

der Monsun

季風

die Flut

洪水

das Eis

冰

der Januar

一月

der Februar

二月

der März

三月

der April

四月

der Mai

五月

der Juni

六月

der Juli

七月

der August

八月

der September
....
九月

der Oktober
....
十月

der November
....
十一月

der Dezember
....
十二月

die Formen
形狀

der Kreis
....
圓形

das Quadrat
....
正方形

das Rechteck
....
長方形

das Dreieck
....
三角形

die Kugel
....
球體

der Würfel
....
立方體

weiß
白

gelb
黃

orange
橙

pink
粉

rot
紅

lila
紫

blau
藍

grün
綠

braun
棕

grau
灰

schwarz
黑

viel / wenig

很多/少許

wütend / friedlich

生氣/平靜

hübsch / hässlich

美/醜

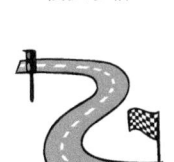

der Anfang / das Ende

首/尾

groß / klein

大/小

hell / dunkel

明/暗

er Bruder / die Schwester

兄弟/姐妹

sauber / schmutzig

乾淨/骯髒

vollständig / unvollständig

完整/缺失

der Tag / die Nacht

白天/晚上

tot / lebendig

死/生

breit / schmal

寬/窄

genießbar / ungenießbar

可食用/非食用

böse / freundlich

邪惡/善良

aufgeregt / gelangweilt

興奮/無聊

dick / dünn

胖/瘦

zuerst / zuletzt

第一/最後

der Freund / der Feind

朋友/敵人

voll / leer

滿/空

hart / weich

硬/軟

schwer / leicht

重/輕

der Hunger / der Durst

餓/渴

krank / gesund

生病/健康

illegal / legal

非法/合法

intelligent / dumm

聰明/愚笨

links / rechts

左/右

nah / fern

近/遠

neu / gebraucht

新/舊

nichts / etwas

沒有/有些

alt / jung

老/幼

an / aus

開/關

offen / geschlossen

打開/闔上

leise / laut

安靜/吵鬧

reich / arm

富/窮

richtig / falsch

對/錯

rau / glatt

粗糙/光滑

traurig / glücklich

傷心/高興

kurz / lang

短/長

langsam / schnell

慢/快

nass / trocken

濕/乾

warm / kühl

溫暖/涼爽

der Krieg / der Frieden

戰爭/和平

0

null

零

1

eins

一

2

zwei

二

3

drei

三

4

vier

四

5

fünf

五

6

sechs

六

7

sieben

七

8

acht

八

9

neun

九

10

zehn

十

11

elf

十一

12
zwölf
十二

13
dreizehn
十三

14
vierzehn
十四

15
fünfzehn
十五

16
sechzehn
十六

17
siebzehn
十七

18
achtzehn
十八

19
neunzehn
十九

20
zwanzig
二十

100
hundert
百

1.000
tausend
千

1.000.000
million
百萬

Englisch
英語

Amerikanisches Englisch
美式英語

Chinesisch Mandarin
普通話

Hindi
印地語

Spanisch
西班牙語

Französisch
法語

Arabisch
阿拉伯語

Russisch
俄語

Portugiesisch
葡萄牙語

Bengalisch
孟加拉語

Deutsch
德語

Japanisch
日語

ich

我

du

你

er / sie / es

他/她/它

wir

我們

ihr

你們

sie

他們

wer?

誰？

was?

什麼？

wie?

如何？

wo?

何處？

wann?

何時？

Name

名字

hinter

後面

in

裡面

vor

前面

über

上方

auf

上面

unter

下麵

neben

旁邊

zwischen

中間

der Ort

地點